LK 1257.

PREMIÈRE VISITE

DE

MONSEIGNEUR PARISIS

ÉVÊQUE D'ARRAS

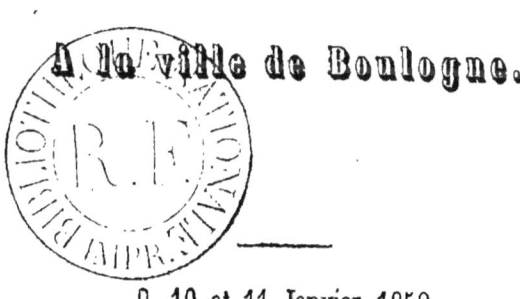

A la ville de Boulogne.

9, 10 et 11 Janvier 1852.

BOULOGNE.

IMPRIMERIE BERGER FRÈRES, 51, GRANDE RUE.

1852.

PREMIÈRE VISITE

de

MONSEIGNEUR PARISIS

ÉVÊQUE D'ARRAS

A la ville de Boulogne.

La ville de Boulogne conservera longtemps le souvenir des trois heureuses journées qui viennent d'enrichir d'une page nouvelle son histoire déjà si belle. Les 9, 10 et 11 janvier 1852 seront pour elle des jours comptés au nombre des plus beaux jours ; ces dates seront célébrées désormais dans ses annales, et rappelleront les grandes joies, les grandes démonstrations d'amour et de respect, les grandes choses qui viennent d'avoir lieu. Honneur et bonheur à la ville qui s'est souvenue de ses jours anciens et de sa foi antique ; reconnaissance, respect, affection profonde au digne et illustre Prélat qui vient de passer parmi nous en semant sur sa route les bienfaits, les consolations et la paix. O Pasteur véritable et saint Évêque, puisse le Seigneur vous accorder la réalisation de tous vos désirs ! puisse son règne s'étendre parmi nous et gagner de proche en proche ; car tel est, nous le savons tous, l'unique objet de vos vœux, le soin unique de toute votre vie si active et si bien employée !

Ce fut le vendredi 9 janvier 1852 qu'eut lieu l'entrée solennelle de Monseigneur Parisis dans la ville, autrefois épiscopale, de Boulogne.

Depuis plusieurs jours déjà la ville s'était émue ; les arcs-de-triomphe s'élevaient, les édifices religieux se décoraient, les maisons s'embellissaient d'ornements variés avec goût ; les rues se garnissaient de guirlandes, de verdure, de longues lignes de mâts avec flammes aux mille couleurs, et partout l'œil satisfait pouvait lire des inscriptions intelligentes, des devises pleines de tact et d'à-propos

Enfin, le moment tant désiré arriva. Dès une heure et demie le clergé, accompagné de tous les corps religieux, d'une députation de chacune des écoles, d'un grand nombre de nos matelotes dans leur costume si pittoresque, et d'une foule innombrable de fidèles, ou, pour mieux dire, de tout Boulogne, se rendit processionnellement de l'église St-Nicolas à la Porte-Gayole, où l'on attendit l'arrivée du Prélat et où devait se faire la cérémonie de sa réception.

Rendre l'effet que produisait sur le spectateur la vue de cette foule, de cette réunion immense, où toutes les conditions les plus diverses de la société se trouvaient momentanément mêlées, confondues, semble chose impossible. Il faut avoir vu cet admirable spectacle pour s'en faire une idée exacte. Il faut s'être trouvé soi-même au milieu de cette confusion sans désordre, de cette fête populaire dans toute la belle acception du mot ; il faut avoir vu les bayonnettes et les sabres briller au milieu des enfants et des femmes, les uniformes divers de toutes les compagnies de la garde nationale à côté de la robe de bure de nos Sœurs de la Retraite chrétienne, de la cornette de nos Sœurs de Charité, du costume gràcieux ou sévère de toutes les corporations religieuses qui sont en si grand nombre dans cette ville ; il faut avoir vu toute cette foule pressée en silence et réunie toute à la fois dans l'étroite rue d'Aumont ; il faut avoir vu tous ces visages joyeux, toutes ces âmes unies, tous ces cœurs battant d'un même sentiment, pour savoir ce que c'est qu'un Évêque. Les tambours retentissaient par intervalles, à mesure qu'une troupe nouvelle arrivait et venait se joindre au cortège ; la voix des chefs militaires se faisait entendre ; puis on remarquait les longues lignes des Prêtres vêtus de blanc ou décorés des insignes des bénéficiers ou des Chanoines ; les rangs nombreux des Frères des Écoles chrétiennes ; tous se pressant, tous ayant à peine assez de place pour se tenir debout au milieu de cette foule au-dessus de laquelle s'élevait majestueusement un magnifique dais préparé pour recevoir dignement Celui que tout le monde attendait et que le Seigneur nous envoie.

En dehors de la Porte-Gayole, toute entourée de feuillage vert, était placée une statue de la Sainte Vierge, et au-dessus de cette statue on avait mis l'inscription : PATRONA NOSTRA SINGULARIS ; *Voici notre Patronne spéciale.* C'est là ce que Mgr. Parisis a dû voir d'abord avant d'entrer dans notre ville : c'est cette idée du patronage spécial de la Sainte Vierge sur Boulogne, qui a dû tout de suite frapper son esprit. Cette inscription était parfaitement placée en cet endroit ; elle répondait on ne peut mieux à l'idée que se fait de Boulogne tout homme sérieux et chrétien, qui a consulté l'histoire de cette ville. Boulogne est en effet, par excellence, entre toutes les villes de France, la ville de Notre-Dame. Et ce n'est pas seulement à Louis XI que remonte pour elle cet honneur insigne, cette grâce de prédilection ; c'est au 7ᵉ siècle, au siècle de l'épiscopat du grand saint Omer qu'il faut reporter l'origine de ce magnifique privilége. Oui, Boulogne est la ville de Marie, et c'est avec bonheur, avec un sentiment de reconnaissance vive et sentie qu'il y a deux années environ tous nous avons félicité l'administration de cette ville, *toujours catholique, malgré tant de moyens de séduction*, d'avoir permis que l'on replaçât solennellement aux portes de Calais et des Dunes les statues de la sainte Vierge que la révolution de 1830 avait eu la mauvaise pensée de faire descendre de ces lieux que jamais elles n'auraient dû quitter.

Mais l'heureuse nouvelle a tout-à-coup, semblable à l'étincelle électrique, parcouru les rangs pressés de l'assemblée immense. Voici la voiture de Monseigneur ! Le voilà qui s'arrête en deçà de la porte ; il paraît à la portière....... Un cri part dans les airs, un sentiment s'élance de tous les cœurs : Vive Monseigneur ! Vive Monseigneur ! Les tambours battent, les armes exécutent les saluts militaires, les mouchoirs s'agitent, les chapeaux s'élèvent dans les airs, une acclamation, grande comme la voix de tout un peuple, solennelle comme le bruit des vagues de la mer, reçoit d'une manière digne de lui l'Évêque saint, savant, illustre, la gloire de l'Eglise ; l'honneur de la France chrétienne, que désormais est donné d'appeler NOTRE Évêque.

Cependant les chants sacrés ont commencé ; le cortége s'est mis en marche, il s'avance lentement à travers les décorations nombreuses et variées ; partout le Prélat, visiblement ému et radieux de bonheur, répand ses bénédictions sur la foule compacte qui n'a pas même une place pour s'agenouiller ; il s'avance, la mître précieuse sur la tête, la crosse à la main, sous un dais splendide porté par des ecclésiastiques revêtus des habits sacrés.

A l'endroit où la rue d'Aumont se joint à la place d'Armes de la haute-ville, un arc-de-triomphe s'élève, construction d'un caractère tout-à-fait monumental. De chaque côté brillent les armes et les insignes du Souverain Pontificat, de cette Papauté à laquelle notre Évêque porte une affection si tendre, si complète, si absolue, si dévouée. C'est sans doute pour flatter doucement ces sentiments si essentiellement catholiques de notre Pasteur vénéré, c'est pour lui montrer qu'en nous tous il trouvera des cœurs qui battent à l'unisson de son cœur, que les hommes intelligents et pleins de tact qui ont élevé cet arc-de-triomphe, l'ont orné aussi de chaque côté de cette inscription principale :

SANCTAM ROMANAM ECCLESIAM
MAGISTRAM ET MATREM
AGNOSCIMUS.

Oh! oui, c'est bien de tout cœur que *nous reconnaissons la sainte Église romaine comme notre maîtresse et notre mère.* Signalons encore comme plein d'à-propos, un emblême qui figurait sur un des côtés de cette même construction. Cet emblême, c'est la croix de l'OEuvre pour la réparation des blasphêmes et de la profanation du Dimanche, œuvre propagée et hautement patronée par ce Prélat devant qui sont sans cesse présents les besoins si multipliés de l'Église, et qui toujours a des remèdes à appliquer aux plaies saignantes de la Religion, dans ces temps de désolation extrême, où il reste, hélas! si peu de foi.

Citons aussi, comme fort heureuse et parfaitement chrétienne, l'inscription qui surmontait le portail de l'église Saint-Joseph :

ELEGIT EUM DOMINUS SACERDOTEM SIBI.

C'est le Seigneur lui-même qui l'a choisi pour le revêtir de son sacerdoce, et nous l'envoyer.

Oh ! oui, c'est Dieu lui-même, et non les hommes, c'est sa Providence toute maternelle, toute bonne pour nous, qui a fait, pour ce diocèse si grand, si accablé de besoins, ce choix admirable, ce choix si privilégié, d'un Pasteur que la France entière nous envie, d'un homme selon le cœur de Dieu, d'un guide, d'un chef, d'un Père que déjà nous aimons tous et dont tous nous voulons former la couronne. C'est le Ciel qui nous l'a envoyé, car nos besoins étaient immenses ; ainsi que nous le chantions tout-à-l'heure *il a rassasié de biens ceux qui étaient dans la misère.... pour nous, il s'est souvenu de sa miséricorde....* aussi *tu peux, ô mon âme, chanter les grandeurs du Seigneur.... ô mon esprit, tu peux tressaillir de joie :* Magnificat anima mea Dominum, etc....

Au-dessous de cette bonne inscription, et s'harmonisant on ne peut mieux avec elle, était la devise des armes de Monseigneur :

SPES MEA IN DEO EST ;

Mon espérance est en Dieu, devise profondément chrétienne, qui, nous nous en souvenons, a fait une vive impression dans toute la France, quand, (en 1835, je crois), *l'Ami de la Religion* l'a fait connaître à tous. Ici c'était comme une sublime réponse à l'inscription qui la surmontait ;

et, encore une fois, nous ne pouvons que féliciter tout haut le modeste et vertueux Curé de la haute-ville d'avoir su trouver de si bonnes choses dans sa foi profonde et dans son cœur.

L'intérieur de la Porte-des-Dunes avait aussi reçu une décoration pleine de bonheur et d'à-propos :

REGINA SINE LABE ORIGINALI CONCEPTA ;

Reine du Ciel, vous qui avez été conçue sans la tache du péché originel. Monseigneur vient précisément d'obtenir du Saint-Siège, pour le diocèse d'Arras, la permission ou le privilège d'ajouter cette invocation à toutes celles qui composent les belles et poétiques litanies de la Sainte Vierge. C'est, on le voit, un compliment fort gracieux, un remerciement d'un goût exquis, d'avoir ainsi mis ces mêmes paroles sur une des portes de la ville, accompagnant la statue de Marie, afin que les yeux de Monseigneur pussent la rencontrer dès sa première entrée dans nos murs, et lui montrer combien nous savons apprécier ce qu'il veut bien faire pour nous.

Mais comment dire, ou plutôt comment peindre le spectacle grandiose, plein de majesté, qui se déroula à nos regards, lorsque le cortège eut franchi les étroites limites de la Porte-des-Dunes ?

Devant vous s'agitent les flots d'une mer tempêtueuse, en face de laquelle s'étendent, dans le fond du val des Tintelleries et le long des flancs de la montagne et des falaises, d'innombrables maisons, du milieu desquelles s'élance, gracieuse et belle comme aux jours anciens, la nouvelle église de Saint-Pierre qui, dès demain, sera érigée en église paroissiale. Près de l'hôtel de la sous-préfecture, à la limite de la Grande Rue, trois arches légères de verdure forment une enrée joyeuse au Prélat dont elles portent les armes accolées aux armes de la ville, forme aimable de salut et de compliment de bien-venue. Ces arcades verdoyantes sont aussi ornées de deux devises, et ces devises nous rappellent deux belles pensées exprimées par Monseigneur, dans la première allocution qu'il prononça dans son église cathédrale. Oui, digne et saint Prélat, Boulogne, elle aussi a entendu ces paroles et les a retenues ; oui, elle sait que c'est *nous et nos âmes* que vous cherchez, et non point notre or ni notre argent ; comme Pierre, votre glorieux Patron, vous dites : Je n'ai ni or ni argent, mais ce que j'ai, je vous le donne ; et ce que vous donnez, ce sont des miracles de paix, de conversion, de discipline rétablie, de justice rendue, d'œuvres admirables fondées ; car vous avez fait tout cela dans Boulogne pendant le court séjour, pendant l'apparition rapide que vous y avez faite. Nous savons qu'elle est vraie aussi, profondément vraie, cette autre parole que votre bouche sacrée a prononcée : *Je donnerai tout, et je me donnerai moi-même pour le bien de vos âmes ;* aussi vos fidèles Boulonnais ont-ils voulu les redire, ces bonnes paroles, à votre première entrée dans leur ville, qu'ils savent que vous aimez.

Une chose surtout était belle à voir à ce moment de la cérémonie ; c'était le haut des remparts de la haute-ville. Ces remparts étaient tellement couverts de monde, la foule épaisse et recueillie qui les peuplait suivait si bien les lignes droites des murs et les cercles du faîte des tours, qu'on eût dit que ces vieilles tours et ces vieux murs avaient pris une âme et des sens pour assister, eux aussi, à cette fête digne des âges de foi qui les virent s'élever. On ne peut se faire une idée du grandiose et de l'effet solennel de ce spectacle. Ce sont de ces choses qu'on ne voit que bien rarement, et qu'il est impossible d'oublier jamais.

Un autre spectacle aussi beau, plus beau peut-être encore, nous attendait de l'autre côté des arches de verdure. Là se déployait devant nous cette Grande-Rue, la plus belle, la plus large, la plus régulière, et aussi la plus pittoresque de Boulogne, à cause du plan fort incliné sur lequel elle est tracée. Aussi loin que la vue pouvait s'étendre sur les flancs de la colline sur laquelle cette partie de la ville est assise, de chaque côté, le long des beaux et larges trottoirs, au milieu, et remplissant la belle et large chaussée, au loin, sur la place de Saint-Nicolas, partout on ne voyait que des êtres humains : des milliers de personnes silencieuses, recueillies, heureuses, étaient là pour saluer le digne Prélat que nous recevions en ce jour à jamais béni. Bien des maisons étaient décorées, quelques-unes avec recherche et luxe véritable ; de 25 en 25 pas des mâts étaient dressés, supportant de joyeuses flammes aux couleurs variées ; cette double ligne de mâts et de pavillons de toutes couleurs se continuait jusqu'au bas de la Grande-Rue et se repliait ensuite pour encadrer toute la place de Saint-Nicolas et fermer ainsi le chemin triomphal le plus beau qu'il fût possible de voir.

Vers le milieu de la Grande-Rue, à mi-côte de la colline, s'élevait (à une hauteur si grande que la violence du vent n'avait point permis de l'achever), un arc-de-triomphe qui portait les inscriptions suivantes et surtout un emblème fort heureux qui a tout particulièrement attiré l'attention de Monseigneur :

AU TRÈS-RÉVÉREND MONSEIGNEUR

PARISIS,

LES ANGLAIS CATHOLIQUES DE BOULOGNE.

A hearty welcome from the English catholics to their beloved Bishop.

LONG LIFE OUR HOLY FATHER POPE PIUS IX, HIS EMINENCE CARDINAL WISEMAN, AND THE CATHOLIC HIERARCHY OF ENGLAND AND IRELAND.

Sainte Marie et Saint George, protégez l'Angleterre.

Une croix, d'un dessin moyen-âge, surmontait le fronton où étaient tracées ces inscriptions dans des couronnes de verdure formées de feuillage de sapin. Au pied de cette croix, unis par la hampe et liés l'un et l'autre à la croix, on aurait vu (si le temps l'avait permis), se diriger des deux côtés deux drapeaux immenses, le drapeau français et le drapeau anglais (1). Le triomphe de la Religion ou de la Croix, l'union à opérer par elle entre deux des plus grandes nations du monde, l'œuvre de la conversion de l'Angleterre à recommander au zèle ardent de Monseigneur, voilà les idées et les raisons qui avaient porté les catholiques anglais résidant à Boulogne à venir s'unir à cette fête (2), à prendre

---

(1) On ne sera pas fâché de savoir ici l'histoire de ce drapeau, qui appartient à M. le capitaine Blondin.

Ce drapeau anglais fut arboré en signal de détresse à bord du brick anglais *le Neptune*, capitaine David Absolon, de Yarmouth, fils de l'ancien maître pilote de Yarmouth. Le navire était incliné sur le côté, au moment où l'équipage qui était réfugié sur la mâture, a été sauvé le 28 novembre 1825, par le capitaine Blondin, de notre ville, commandant aussi le bâtiment français *le Neptune* de Boulogne, armateur M. Ducarnoy.

Le capitaine David Absolon et son équipage qui avaient té sauvés à 140 lieues au large des côtes du Portugal, urent débarqués au Hâvre trois semaines après le sauvetage. Le drapeau fut le seul objet qui ait pu être sauvé

Le capitaine David Absolon avait été prisonnier de guerre à Verdun. Il était catholique.

(2) Nous signalerons spécialement comme s'étant montrés tout particulièrement dévoués dans cette circonstance, M. Adolphe Crouy et ses ouvriers, et la Société de la Bienfaisance, qui a mis un grand empressement à seconder en tous points la bonne volonté des habitants et des catholiques anglais.

part à ces solennités religieuses qu'il ne leur serait point donné de réaliser dans leur patrie, si opiniâtrement plongée dans l'entêtement et le fanatisme de l'hérésie.

Là, en effet, on a parfaitement le droit de brûler en effigie N. S. P. le Pape et le Cardinal Wiseman, on a le droit de porter une main sacrilège sur tout ce qu'il y a de plus vénérable dans la Religion; on a le droit de couvrir les murs de Londres d'inscriptions ineptes et furibondes, antiquailles vermoulues, anachronisme de trois siècles, dignes de pitié bien plus encore que de mépris! Ici, au contraire, sur le sol de notre France, pays si logique et si ferme dans ses déductions religieuses, on ne veut pas d'un demi catholicisme, d'un christianisme écourté ; on l'admet tout entier, avec toutes ses conséquences dogmatiques et pratiques, ou bien on sait qu'il faudrait être conséquent et le rejeter tout entier. Cet hommage des Catholiques Anglais, cette protestation de leur dévouement au souverain Pontife, au Cardinal Archevêque de Westminster et à tous les Évêques institués par Pie IX, a fait une grande impression sur Monseigneur Parisis ; plusieurs fois il en a parlé, et nous dirons tout-à-l'heure un mot de la manière dont il a voulu les remercier de leur touchante attention.

Le portail de l'Eglise Saint - Nicolas était décoré avec goût. C'est là que M. le Doyen adressa à Monseigneur une courte allocution, à laquelle le Prélat répondit en insistant sur le caractère redoutable qu'offre particulièrement le ministère pastoral dans la ville de Boulogne, au milieu de tant de personnes d'intelligence, au milieu de tant d'étrangers, observateurs si attentifs des choses de la religion et de la manière dont elles s'exercent ; il a ensuite félicité M. le Doyen sur sa prudence et son zèle, et lui a parlé de l'obligation spéciale où sont ceux qui se trouvent à la tête des autres, de donner bon exemple à leurs subordonnés. Puis il s'est tourné vers la foule immense qui remplissait tellement la place Saint-Nicolas, que nulle part l'œil ne pouvait y apercevoir le moindre vide, et il lui a dit combien il était touché de cet empressement, de ce respect, de cet amour, que tous lui témoignaient, et que tout de suite il voulait leur donner sa bénédiction. On ne saurait dire combien ces quelques paroles, dites d'une voix claire et harmonieuse, avec un accent profond de satisfaction et de joie bienveillante, firent d'impression sur la foule rassemblée en ce lieu beaucoup trop petit pour des solemnités de ce genre. Tous étaient électrisés, charmés; tous déjà aimaient leur Évêque dont ils vénéraient depuis long-temps la haute intelligence et les talents, et dont ils venaient de sentir le cœur.

Les cérémonies intérieures furent accomplies dans la forme prescrite par le cérémonial romain; c'est avec bonheur que tout le clergé alla faire acte de soumission et d'*obédience* à son nouvel Évêque par le baiser de l'anneau pastoral. Puis Monseigneur monta en chaire, et dans une instruction pleine d'onction et de grandes pensées, il fit voir combien le monde serait heureux si toutes les conditions qui le composent pratiquaient l'Évangile. Il félicita ensuite la ville de Boulogne d'être restée si catholique au milieu de tant de genres de séduction de toute nature; il lui rappela ses gloires anciennes, ces Évêques de Boulogne si savants et si saints; il l'exhorta à toujours demeurer ferme dans la foi et à en faire les œuvres; puis il donna du haut de la chaire la bénédiction solennelle, après laquelle il fut conduit processionnellement au presbytère au chant des Litanies de la Sainte-Vierge.

Là, pendant qu'un de MM. les vicaires-généraux (1) faisait l'inspection détaillée de tous les objets du culte et en dressait procès-verbal, (selon qu'il est prescrit au Pontifical, pour avoir à retrancher, ajouter, ou corriger, s'il y a lieu), Monseigneur reçut toutes les autorités : M. le Sous-Préfet, le Conseil municipal, le Tribunal civil, les Officiers, la Douane, la Chambre de Commerce, la Société d'Agriculture, le Collége, etc., etc., et particulièrement une députation de matelottes, *en grand costume*, lesquelles lui furent présentées par plusieurs marins *décorés* et lui offrirent un bouquet en demandant à sa Grandeur de vouloir bien se rendre à leur chère église de Saint-Pierre, ce que Monseigneur leur promit tout aussitôt avec la plus grande bonté.

Après cette présentation si intéressante, Monseigneur se donna tout entier à son clergé qui resta avec lui toute la soirée et eut tout le temps de bien se pénétrer d'admiration, de respect, d'amour et d'une confiance entière pour son Évêque bien-aimé.

Disons maintenant (avec moins de détails toutefois, car nous serions infinis), ce qui distingua la journée du lendemain 10 janvier 1852.

La matinée fut consacrée d'abord à la Communion générale dans l'église de Saint-Nicolas. Cette Communion fut très-nombreuse ; elle fut distribuée par Monseigneur lui-même qui commença la messe avant 6 heures 1/2, et donna la sainte Eucharistie aux fidèles des deux sexes pendant près d'une heure (55 minutes) ; beaucoup d'hommes s'approchèrent ce jour-là de la sainte Table et eurent ainsi part à l'indulgence plénière attachée à cette première distribution du Pain de vie faite par un Évêque lors de son entrée dans son diocèse. Plus tard Monseigneur

(1) Monseigneur était accompagné dans sa tournée épiscopale de MM. Parenty et Des Billiers, vicaires-généraux.

donna la Confirmation à un certain nombre de personnes qui n'avaient pas encore eu l'occasion de la recevoir. On vit avec édification parmi ces personnes plusieurs protestants convertis.

L'après-midi, Monseigneur eut la délicate et attentive bonté de venir causer une surprise bien agréable aux Catholiques anglais réunis à Saint-Nicolas pour entendre les prédications faites en leur langue par le P. Ferrara. Il arriva à l'improviste pendant l'instruction, et aussitôt qu'elle fut terminée, il prit lui-même la parole et les remercia de la marque de respect et d'affection qu'ils lui avaient donnée la veille en érigeant en son honneur cet arc-de-triomphe qui l'avait tant frappé. Il les appela ses enfants adoptifs, se recommanda à leurs ferventes prières, leur promit de les aider de tout son pouvoir, et ne les renvoya qu'après les avoir bénis et consolés.

Puis il alla accomplir un grand acte de justice.

On sait assez l'histoire de l'église Saint-Pierre. Commencée par une fondation faite par un ecclésiastique boulonnais! M. l'abbé Lamontagne, construite par les soins de M. l'abbé Sergeant, à l'aide des dons volontaires de tout le clergé et des marins de Boulogne ; cette église non achevée sans doute, mais livrée au culte depuis plus d'une année déjà, n'avait point de pasteur ni de clergé. Il était réservé à Monseigneur Parisis de rendre justice à ces excellents marins, de faire droit aux désirs des Magistrats et aux vœux de la population de la ville et de tous les étrangers d'intelligence et de foi qui la visitent.

Samedi, vers 4 heures 1/2, on vit la voiture de Monseigneur se diriger vers le quartier des marins ; elle s'arrêta vers le pied de la montagne, et Sa Grandeur voulut gravir à pied la rue du Calvaire, tenant à la main le bouquet de fleurs qui lui avait été offert, bénissant les enfants qui venaient se jeter devant ses pas, saluant, souriant, parlant à ce peuple, heureux on ne saurait dire à quel point, de voir d'aussi près son Évêque, attendu par lui depuis si longtemps. La rue du Calvaire était soigneusement balayée et couverte de sable, des guirlandes la traversaient, allant de maison en maison, presqu'à chaque pas : toute la population, hommes, femmes, enfants, était dehors : c'était, au plus haut degré, une fête populaire. Mais comment rendre le spectacle si nouveau, et, disons-le, si inattendu, qui nous était réservé dans l'église elle-même. On savait un peu ce que Monseigneur venait y faire ; on se répétait certains mots à l'oreille ; cependant, rien n'était tout-à-fait sûr, et certainement on ne pouvait deviner la manière dont s'opérerait ce dénouement si longtemps soupçonné.

M. l'abbé Sergeant avait offert à Monseigneur l'eau bénite et l'encens sous le porche de l'église; Monseigneur avait revêtu ses insignes pontificaux au milieu de la rue, dans la foule du peuple qui se pressait autour de lui ; on allait entonner l'Antienne de l'entrée, lorsque le peuple, qui déjà ne pouvait retenir sa joie, se mit à entonner lui-même un autre chant de joie : Vive Monseigneur ! Vive Monseigneur ! s'écria-t-il avec élan, et c'est par cette salutation que le digne Prélat fut accueilli par son entrée sous le porche de l'église.

Cependant les prières du cérémonial de la réception étaient terminées, Monseigneur monta alors dans la petite chaire de Saint-Pierre, suivi de ces deux grands-vicaires, dont l'un portait à la main un papier roulé, puis d'une voix éclatante et à-la-fois douce et harmonieuse, il dit : *Annuntio vobis gaudium magnum* : Voici que je viens vous annoncer une grande joie. Oh ! alors, tous avaient compris, tous trépignaient de joie et d'aise, tous écoutaient, dévoraient avidement les paroles solennelles qui sortaient de la bouche sacrée du bien-aimé Pontife, expliquant d'abord le sens naturel, puis le sens particuler et fort légitime de ces mots appliqués à la circonstance présente. Bientôt le grand mot est prononcé, la parole attendue depuis des années a été dite : SAINT-PIERRE EST ÉRIGÉ EN PAROISSE.... Tous les cœurs, comprimés jusques-là, éclatent subitement ; les sentiments, jusqu'alors obligés de s'ignorer presque ou de se taire, font explosion ; dans le délire de la joie, on oublie qu'on est dans une église, on crie de toutes parts : Vive Monseigneur ! Vive Monseigneur ! et tout le monde bat des mains !

Loin de paraître mécontent de cette marque de joie, fort inusitée sans doute, mais bien naturelle en pareille circonstance, Monseigneur en parut vivement impressionné et tout heureux. C'est alors qu'il déroula lentement le papier où était écrite son ordonnance, dont lui-même fit la lecture. Après avoir dit ses raisons d'agir et prouvé son droit basé sur les saints Canons, et notamment sur le concile de Trente ; après avoir parlé des vœux des marins, des désirs des Magistrats, et constaté que le Clergé paroissial avait fait son devoir ; dans un premier article il érige l'Église Saint-Pierre en Église paroissiale, et ordonne que dès ce jour les baptêmes, mariages, enterrements, office complet, etc., se feront dans cette Église ; par un autre article, il donne pour desservir cette nouvelle paroisse M. l'abbé Sergeant, ex-aumônier de l'hospice.

Alors une matelote donna le signal en criant : Merci, Monseigneur !.... et tous de battre des mains et de répéter le même cri...

Après avoir lu son ordonnance, Monseigneur se livra à toute l'effusion de sa tendresse pour ses chers marins de Boulogne : il les appelait ses enfants ; il les suppliait de l'aimer et surtout d'aimer bien le bon Dieu et d'observer ses lois, qu'il leur rappelait en peu de mots; on pleurait, on tressaillait de joie et de bonheur; on ne se sentait plus d'aise ; on remerciait Dieu du fond du cœur ; mais le cœur devait encore parler son langage et donner une issue à ces sentiments qu'il ne pouvait plus contenir ; aussi, dès que Monseigneur eut fini de parler, de nouveaux battements de mains, de nouvelles acclamations retentirent, et Monseigneur, loin d'y mettre obstacle, y répondit par une bénédiction solennelle du haut de la chaire, bientôt suivie de celle du Saint-Sacrement.

Il fut pour ainsi dire porté, bien plus que reconduit, à sa voiture ; toutes les rues de la Beurrière étaient pleines de personnes qui causaient avec confiance, se communiquaient leurs sentiments de joie, se félicitaient et remerciaient hautement le Ciel de leur avoir donné un aussi grand Évêque, un homme vraiment juste, pour qui la cause du pauvre et du petit est sacrée, et qui, selon l'expression de l'Écriture, ne fait point attention à la personne des puissants et des grands de la terre, mais bien à la cause elle-même et à la vérité. Le samedi 10 janvier 1852 sera célèbre dans les annales de nos marins boulonnais.

Nous ne ferons qu'indiquer les grandes choses accomplies par Monseigneur dans la journée du dimanche 11 janvier ; il faudrait un espace bien plus étendu que le cadre dans lequel nous sommes obligé de nous restreindre, pour dire les grandes idées, les hautes vues, les questions importantes examinées et décidées par l'intelligence supérieure, la volonté forte et l'activité infatigable de ce Prélat, qui sait multiplier le temps et en employer tellement bien toutes les parties les plus minimes, qu'il est réellement incroyable de voir combien de choses ont été faites pendant son court séjour à Boulogne.

Dimanche matin, Sa Grandeur distribua la sainte Communion à Saint-Joseph, comme Elle l'avait fait la veille à Saint-Nicolas. Elle assista au *Te Deum* ordonné pour ce jour. Elle reçut les Catholiques Anglais, à qui Elle voulut bien promettre une Église Catholique Anglaise dans cette ville où les protestants Anglais en ont déjà cinq.

Nous tairons les détails des visites diverses faites par Monseigneur aux Communautés et aux divers établissements de la ville. Citons seulement les lignes suivantes écrites par une Dame, témoin oculaire de ce qui se passa chez M. l'abbé Haffreingue..

« ..... C'était grande fête aussi dimanche chez M. l'abbé Haffreingue. Malheureusement il y avait peu d'appelés et surtout peu d'élus. La veille au soir on avait espéré que Monseigneur y officierait à la messe du lendemain ; il ne l'avait pas affirmé, sans doute ; car personne n'était averti, et le temps avait également manqué l'après-midi pour faire aucune invitation. Cependant, à une heure ou à une autre, Monseigneur était attendu. Les préparatifs étaient faits, la grande salle de réception était tout ornée de guirlandes de feuillage entre-mêlées de fleurs, allant de pilier en pilier, et de fenêtre à l'autre. Dans le fond on apercevait le fauteuil du Révérend Pontife, surmonté des insignes de Sa Grandeur, et également entouré de frais bouquets de fleurs et de verdure. Une belle et grande couronne de roses se voyait aussi suspendue entre deux arcades vis-à-vis le siége épiscopal, et produisait là un charmant effet. Divers instruments de musique étaient disposés à l'entrée de la salle.— Quelques parents venant dans la matinée visiter leurs enfants, virent tous les apprêts d'une cérémonie qui allait s'accomplir, et furent bien désireux d'y assister ; on éluda peu les demandes qui furent faites à cet égard. Les timides s'abstinrent, les plus avisés persistèrent et revinrent avant quatre heures. Ceux-là, cette fois, furent les privilégiés. On leur permit de se placer derrière les élèves. Quelques instants après, l'orchestre annonça l'arrivée de Monseigneur. Il fut accueilli de tous avec bonheur, avec enthousiasme. La satisfaction et la joie étaient sur ses traits, la bienveillance et la bonté dans son regard. Il salua de droite et de gauche avec une amabilité parfaite, passa quelques instants dans les appartements particuliers de M. Haffreingue, et revint bien vîte comme un bon père prendre place dans le fauteuil qui lui était réservé.

Parmi les compliments qui furent alors adressés à Monseigneur, on distingua surtout celui du jeune M. H...., qui se destine, dit-on, à la carrière ecclésiastique. Ce jeune homme dépeignit la douleur de la ville de Langres, lorsqu'elle perdit en lui son bienfaiteur et son père. Il passa en revue la vie de Monseigneur. Il parla de ses travaux religieux, de ses connaissances si vastes, de son intelligence si grande, de sa haute carrière politique.

Il dit quelques mots de regrets pour notre ancien Évêque, son prédécesseur; il exprima la joie, le bonheur de tous, en le voyant remplacé par un aussi digne, un aussi illustre Prélat; il remercia le Ciel de nous avoir fait un don si magnifique, et appela les bénédictions de Sa Grandeur sur lui et ses condisciples qui le regardaient, qui l'écoutaient avec tant de respect, de vénération et d'amour. Il lui dit encore, je pense, que sa bénédiction serait pour eux tous une récompense et un encouragement à bien faire et à persévérer.
—Tout cela fut dit avec calme, avec force et conviction. Tout le monde applaudissait intérieurement à cet hommage, à cet éloge si vrai, si mérité, si bien exprimé et si bien senti. On était généralement ému, tous les cœurs battaient à

l'unisson d'un doux sentiment ; pour moi, je ne me cachai point des larmes que j'avais dans les yeux, j'en étais heureuse et fière, comme les rapportant à un des bonheurs, à une des gloires de notre belle religion et de notre beau pays.— Monseigneur voulut bien répondre à ce jeune homme (et j'aurais aimé qu'il fût mien en ce moment),—qu'il le remerciait de toutes les choses bienveillantes qu'il venait de lui adresser,— qu'il en rapportait la gloire au Très-Haut,—que pour lui, il ne se croyait point digne de tant de louanges. Mais ce que je sais, a-t-il ajouté, c'est que ma tâche est grande ;—ce que j'espère,— ce que je veux, c'est que mon dévouement l'égale ; — et ce que je sais, ce que je puis vous dire encore,—c'est que nul plus que vous, mon cher enfant, fit-il, en s'adressant directement à l'élève qui venait de le complimenter,—c'est que nul plus que vous, n'aura jamais une meilleure place dans mon cœur. Ces paroles furent applaudies avec émotion.—Monseigneur ajouta : J'ai maintenant une grâce à demander pour vous, mes chers enfants; m'aimerez-vous bien, un congé vous ferait-il plaisir ? Tous les yeux pétillaient de bonheur, toutes les voix criaient : Oui, oui, Monseigneur ! toutes les mains claquaient. Eh bien ! a dit M. Haffreingue, je ne serai pas cette fois généreux à demi, je vous permettrai de découcher ; vous aurez deux jours entiers de vacances. Cette fois, ce furent des trépignements.—Sa Grandeur les interrompit de nouveau : « Mes enfants, avant
» de me séparer de vous, laissez-moi vous dire
» encore, bien qu'il s'y oppose, combien vous
» êtes heureux de vous trouver sous la direc-
» tion d'un chef aussi distingué que le vôtre, et
» dont la modestie égale le haut mérite. » Ces dernières paroles terminèrent cette belle et touchante cérémonie, si remplie d'émotions douces et agréables pour chacun. Le salut commença

bientôt après ; la chapelle des élèves était vraiment resplendissante de lumières, de fleurs, de la richesse des tapis et des ornements sacerdotaux. C'était un coup d'œil magique, rien n'était trop beau, ou ne l'était pas assez pour Monseigneur. Il donna à tous sa sainte bénédiction. — A l'issue du salut, quelques dames furent désireuses de le voir encore, et l'attendirent dans le vestibule. Il les vit, alla droit à elles, et leur demanda de la manière la plus aimable ce qu'elles faisaient là : Mais Monseigneur, dit l'une d'elles, nous nous sommes mises sur votre passage, pour avoir le bonheur de recevoir une fois encore votre bénédiction.—Je vous la donne de grand cœur, a dit le saint Prélat, en faisant le signe de la croix sur le front d'une petite fille qui était là ; je voudrais bien, mesdames, pouvoir causer avec vous. Ces dames en eussent été assurément très-honorées, mais sa Grandeur fut entraînée, portée presque dans sa voiture par la foule d'élèves qui l'entouraient, et disparut bientôt à tous les yeux, vivant dans tous les cœurs.

On rapporte de Monseigneur Parisis des traits charmants. M. Delcroix avait eu la grâcieuseté d'inviter un certain nombre de dames à venir chez lui jouir quelque peu de la vue de son Éminence. L'une d'entre elles avait un enfant qui se mit à pleurer. La mère donna ordre qu'on l'emmenât. Monseigneur s'en aperçut. « Non, » madame, » fit-il, « gardez cet enfant, je viens » d'envoyer chercher des bonbons pour l'a- » paiser. »

On m'a dit encore qu'au collége, il bénit particulièrement la petite fille de M. Hulleu. L'enfant s'écria, avec toute la pétulance de son âge : Je suis bénie par Monseigneur, maman ; maintenant, je serai toujours sage, je suis bénie par Monseigneur !

C'est ainsi qu'en aimant et bénissant les enfants, il sait se faire aimer et bénir des mères ! »

Disons encore, pour être juste envers tous, que la ville de Boulogne s'offrit elle-même de faire les frais de l'illumination, et que le soir de ce beau jour, les arcs-de-triomphe et les décorations diverses qui avaient été élevés en l'honneur de Monseigneur, furent revêtus d'une auréole de splendides lumières qui venaient on ne peut mieux terminer cette fête, déjà si belle et si vraie ; que plusieurs fois Monseigneur a exprimé son affection pour Boulogne en des termes bien énergiques et bien forts ; et que bientôt cette ville, un peu oubliée jusqu'ici, n'aura plus rien à envier aux autres sous le rapport du nombre et de l'importance des établissements religieux, dont elle a, plus que toute autre peut-être, un bien pressant besoin.

Monseigneur a quitté Boulogne lundi matin 12 janvier.

Imp. BERGER Frères.

www.ingramcontent.com/pod-product-compliance
Lightning Source LLC
Chambersburg PA
CBHW060931050426
42453CB00010B/1956